VIE D'AUBLIN

l'assassin de Sivry

RACONTÉE PAR LUI-MÊME

DOUAI

IMPRIMERIE ET LIBRAIRIE A. DURAMOU

Rue Saint-Jacques, 60.

— 1877 —

LES
DERNIERS JOURS D'AUBLIN

Pour l'édification du lecteur, nous croyons devoir rappeler en quelques lignes quels furent les sentiments et dispositions d'Aublin, depuis sa condamnation jusqu'au jour de l'exécution. Cette condamnation capitale l'avait atterré au point qu'il fallut presque le porter dans la voiture qui devait le ramener à la prison.

C'était le samedi, 19 mai, veille de la Pentecôte. M. l'aumônier était à la prison, occupé à confesser : on vint lui dire qu'Aublin rentrait du palais, condamné à la peine de mort. Aussitôt les confessions terminées, il se rendit auprès d'Aublin qui lui dit : *Monsieur l'aumônier, je n'ai pas eu de chance.* Il espérait sans doute avoir au moins la vie sauve. M. l'aumônier lui dit : « Mon ami, la justice hu-
» maine a réclamé votre tête pour les
» crimes dont vous étiez accusé, elle l'a
» obtenue. Je vous demanderai votre
» cœur pour le donner à Dieu et votre
» âme pour la sauver. » Aublin, s'avançant vers lui et lui prenant la main :
« Monsieur l'aumônier, je n'ai plus main-

» tenant que vous, je me remets entre
» vos mains. » Le lendemain, dimanche,
en allant dire la messe à la prison,
M. l'aumônier lui apporta l'Imitation de
Jésus-Christ et la Vie de Notre Seigneur
Jésus-Christ. Dès le premier entretien
particulier qu'ils eurent ensemble,
M. l'aumônier l'engagea à songer à faire
une conversion sérieuse et sincère. *Est-il
possible*, lui dit Aublin, *qu'un criminel
comme moi puisse se convertir?* — Oui,
cela est très-possible avec la grâce de
Dieu qui ne fait défaut à personne et la
bonne volonté que je crois être en vous.
Vous trouverez dans ce livre (la Vie de
J.-C.) une parabole qui vous montrera
toute la bonté et toute la miséricorde de
Dieu envers le pécheur : c'est la parabole de l'enfant prodigue. *Je connais
cette parabole*, dit Aublin, *je l'ai lue dans
mon enfance*. Eh bien ! puisque vous la
connaissez, si vous avez eu le malheur
d'imiter l'enfant prodigue dans ses éga-
rements, imitez-le dans son repentir. Il
pria M. l'aumônier de lui procurer les
Sept Psaumes de la pénitence. A ce
livre, M. l'aumônier joignit un chapelet,
qu'Aublin fit remettre à ses sœurs avant
son exécution.

Dans les fréquentes visites que lui
firent M. le doyen de Saint-Jacques, sur
la paroisse duquel se trouve la prison, et
M. l'aumônier, ils sortirent toujours
d'auprès Aublin satisfaits et édifiés de

ses bonnes dispositions. Que de fois, ému du langage tout nouveau pour lui que lui tenaient ces deux ecclésiastiques, n'y répondit-il point par des élans de reconnaissance ou d'humbles aveux, qui les attendrissaient eux-mêmes jusqu'aux larmes. Jamais, nous disait à ce propos M. le doyen de Saint-Jacques, jamais je n'oublierai l'instant où je le vis se jeter en sanglotant dans mes bras et s'écrier avec un indicible accent de repentir et d'amertume : « Ah ! que ne m'a-t-on
» parlé de la sorte quand j'avais 17 ans !
» Que ne m'a-t-on fait aimer la religion
» et le prêtre, au lieu de me mettre en
» défiance contre l'une et l'autre ! Je
» n'aurais pas déshonoré ma famille et je
» ne serais pas ici. »

M. l'aumônier lui rappelant l'exemple de saint Augustin, pour l'encourager à la confiance : *Ce n'est pas*, lui dit Aublin, *que vous me compariez à saint Augustin.* Sans doute, répartit M. l'aumônier, saint Augustin n'a été ni voleur ni assassin, mais avant sa conversion, il a mené une vie licencieuse et débauchée, et de grand pécheur il est devenu un grand saint. Une autre fois, on était venu à parler de la légion saint Maurice (1) :

---

(1) On appelle de ce nom une réunion de militaires qui, désirant conserver les sentiments religieux de leur première jeunesse et faire un peu de bien autour d'eux, s'associent pour se mieux maintenir dans la pratique de leurs devoirs reli-

« Ce ne sont pas ceux-là, dit Aublin, qui
» se font mettre à la salle de police et
» qui fréquentent les cabarets et les
» maisons publiques. » Puis il ajouta :
« De tous les soldats que j'ai eus ici pour
» gardiens, je n'en ai vu qu'un seul qui,
» profitant de son isolement, tira de sa
» poche un livre de prières et les récita
» avec piété, et je me suis dit : voilà un
» brave. »

Aublin se confessa et communia une première fois dix ou douze jours avant son exécution, et il l'eût fait plus tôt sans une indisposition de M. l'aumônier. C'est après cette première confession que M. l'aumônier, en le quittant, lui dit :
« Aublin, sans doute vous ne pourrez
» jamais réparer tout le mal que vous
» avez fait ; cependant vous pourriez
» peut-être faire un peu de bien en fai-
» sant connaître vous-même ce qui vous
» a conduit à une première faute et
» comment, de chute en chute, vous êtes
» arrivé au pied de l'échafaud. Mais re-
» marquez bien, ajouta M. l'aumônier,
» je ne fais que vous donner un conseil,
» c'est donc tout à fait facultatif de votre
» part : l'important est que vous soyez
» en règle avec Dieu. Cela seul est néces-
» saire et suffit. »

Quelques jours plus tard, Aublin remit

gieux et soutenir autant qu'ils le peuvent ceux de leurs camarades qui ne sont pas encore tombés dans l'impiété et le vice.

à M. l'aumônier tout un cahier qu'il avait rempli d'une sorte d'autobiographie que l'on va lire (1).

Il passait, du reste, tout son temps à écrire, à prier et à lire, l'Imitation de Jésus-Christ surtout, qu'il préférait à tout autre livre.

Enfin, le 28 juin, jour de l'exécution était arrivé. Dès avant deux heures du matin, MM. les magistrats, et avec eux M. l'aumônier, entrèrent dans la chambre d'Aublin. Le bruit de leurs pas l'avait réveillé. Il s'assit sur son lit pour recevoir la communication qu'on avait à lui faire. Aublin, lui dit M. le directeur de la maison centrale de Loos, j'ai une triste nouvelle à vous annoncer. « Depuis hier » je l'attends, répondit-il, j'ai compris » que c'en était fait, aux nombreuses vi- » sites que j'ai reçues hier, et j'ai même » dit, le soir, à ceux qui sont ici avec » moi, ce sera pour demain matin. » Ayez du courage. — J'en ai, fit le condamné. — Oui, dit alors M. l'aumônier, oui Aublin, vous en avez eu jusqu'ici, il faut en avoir jusqu'à la fin. Depuis près de 40 jours, vous avez souvent offert à Dieu le sacrifice de votre vie ; le moment suprême approche, ne perdez pas en un instant le fruit de vos efforts. Docile, comme toujours, à la voix du prêtre qu'il savait lui être dévoué, il se leva et s'habilla seul,

____

(1) M. l'aumônier conserve le manuscrit.

sans accepter l'assistance qu'on lui offrait. Lorsqu'il fut prêt, tout le monde se retira, le laissant seul avec M. l'aumônier; celui-ci, craignant pour Aublin l'émotion et la fatigue, l'engageait à s'asseoir : *non,* répondit-il, *ma place est à vos genoux* et il s'agenouilla. Il se confessa une dernière fois, reçut de nouveau l'absolution, qu'il avait déjà reçue la veille, avec d'abondantes larmes de repentir, reçut l'absolution générale *in articulo mortis* (à l'article de la mort) reçut le saint Scapulaire que ses sœurs qu'il avait désiré de voir et qui étaient venues quelques jours auparavant, avaient fait elles-mêmes. Puis, M. l'aumônier lui annonçant qu'il allait célébrer la messe à son intention, il releva la tête en disant, *est-ce que je ne pourrai pas y assister!* Oui, bien certainement, mon ami; cette faveur que vous n'avez pas obtenue, la première fois que vous avez communié ici, va vous être accordée : on se rendit à la chapelle ; en traversant les corridors, Aublin était calme, grave, recueilli, il écoutait les indications que lui donnait M. l'aumônier sur les intentions qu'il devait avoir en entendant cette messe et en faisant sa dernière communion. Avez vous bien compris, lui demanda M. l'aumônier? *Oui,* répondit-il, *très bien, je n'ai pas perdu un seul mot.* Arrivé à la chapelle, il resta à genoux par terre jusqu'à la fin de la messe, dont il suivit avec un livre toutes les prières.

Il 's'approcha de la Sainte-Tabl comme l'eût fait un premier communiant et reçut la Sainte communion avec une angélique ferveur.

De retour dans son cachot, il refusa tout ce qu'on lui offrit : ce ne fut que sur l'invitation de M. l'aumônier qu'il consentit à prendre un seul verre de vin blanc. Puis il fit son action de grâces avec M. l'aumônier qui lui commenta tour à tour, en les adaptant à la circonstance, les prières de la communion, l'Evangile du jour (le parabole des bons et mauvais serviteurs) et celle des ouvriers de la 11e heure. Cette action de grâces fut longue et néanmoins Aublin s'y appliquait tout entier.

M. l'aumônier lui demanda s'il n'était point fatigué et s'il ne désirait pas prendre un peu de repos. *Non, non, continuez, je vous en prie.*

L'action de grâces terminée, comme il restait encore du temps libre, le chapelet fut récité. Aublin y répondit de lui-même, en alternant avec le prêtre, qui lui indiquait avant chaque dizain une intention spéciale. Au 3e dizain, le condamné interrompit son confesseur en disant : *Si vous le permettez, l'intention, cette fois-ci, sera pour mes deux pauvres sœurs !* au dizain suivant : *celui-ci*, dit-il, *sera pour M. le doyen de Saint-Jacques et pour vous, qui avez eu tous deux tant de bontés pour moi.* A ce mouvement

inattendu de délicatesse et de gratitude,
M. l'aumônier remercia Aublin et l'embrassa tendrement en lui recommandant
de n'oublier aucun de ceux qui lui avaient
fait du bien. Il se mit à pleurer, mais il
reprit bientôt son calme, reçut en ce moment la visite de son dévoué défenseur,
M. D'Hooghe, et en reconnaissance de la
sollicitude désintéressée dont il avait été
l'objet de la part de celui-ci, il voulut réciter à son intention le dernier dizain
du chapelet.

Quelques minutes avant quatre heures,
M. Roch et ses aides entrèrent. Aublin se
leva spontanément à leur apparition et il
alla lui-même s'asseoir sur le banc où
l'on devait procéder à la lugubre cérémonie de la toilette. Sans mot dire, il se
dépouilla de son habit, tendit ses bras
et ses mains aux bourreaux qui les garottèrent et laissa tranquillement couper
le col de sa chemise. Les préparatifs
étaient terminés : Aublin marchant entre
les deux prêtres (M. le doyen de Saint-Jacques et M. l'aumônier) et sans avoir
besoin d'être soutenu par eux, adressait
un affectueux adieu aux détenus et aux
gardiens échelonnés dans les corridors
jusqu'à la porte extérieure de la prison.
Celle-ci s'ouvrit, la guillotine était là, à
quelques pas. A sa vue, Aublin ne put
contenir un premier mouvement, mais
sur l'invitation de M. l'aumônier, il
baissa les yeux. Arrivé au pied de l'écha-

faud, il s'agenouilla par terre pour recevoir une dernière absolution , embrassa les deux prêtres avec un vif élan de reconnaissante affection, leur promit de se souvenir d'eux auprès de Dieu et se livra docilement aux exécuteurs.

Deux secondes après, la justice des hommes était satisfaite et Aublin, le meurtrier, (nous en avons la ferme confiance) était au ciel.....

Est-il possible, à la vue d'une conversion si éclatante et si consolante, est-il possible qu'on puisse nier la divinité d'une religion qui sait opérer ce grand miracle qu'on appelle le relèvement d'une âme et qui peut faire du dernier des misérables un prédestiné dont le sort éternel inspire l'envie.

Nous laissons maintenant la parole à Aublin.

VIE D'AUBLIN

l'assassin de Sivry

RACONTÉE PAR LUI-MÊME

I.

Le but que je me propose en écrivant ces lignes n'est pas de m'attirer la commisération des hommes ; je n'en ai plus besoin. Malgré mon crime et la sentence capitale qui en est la conséquence, j'ai retrouvé la paix du cœur, grâce à la Religion qui heureusement n'était qu'assoupie en moi.

L'idée que je poursuis vient d'une plus noble source.

Réparer le mal que j'ai fait, c'est impossible. Sans compter les fautes de tout genre dont je me suis rendu coupable, c'est surtout à moi que peut s'appliquer cette parole de l'Ecriture Sainte :

« Malheur à celui par qui le scandale arrive ! » Les personnes qui m'ont connu ont été toutes ou presque toutes plus ou moins scandalisées par mon inconduite, c'est pourquoi elles ne s'étonneront pas de la manière dont je termine mon aventureuse et criminelle existence. Ayant été si souvent une cause de scandale, il fallait nécessairement que malheur m'arrivât.

Puisque le mal est irréparable, je puis du moins indiquer aux jeunes gens les causes qui l'ont produit ; leur faire voir comment, par une dégradation successive, je suis arrivé jusqu'au pied de l'échafaud, tout en disposant des moyens nécessaires pour conquérir une belle position ; leur montrer les pièges où je suis tombé, et leur prouver, qu'en dehors de la ligne droite, il n'y a à attendre que déceptions, misères et douleurs.

A Dieu ne plaise que je veuille insinuer que tous ceux qui mènent une vie déréglée doivent nécessairement finir comme moi ; heureusement pour la société, ces cas sont rares. Mais je dis que lorsqu'on est lancé sur la pente du mal il faut une catastrophe pour s'arrêter, à moins qu'une mère, une sœur, un père ou un prêtre, ne vienne vous dessiller les yeux, vous tendre une main secourable et vous montrer l'abîme dans lequel vous roulez sans que vos propres forces suffisent à arrêter l'élan qui vous entraîne.

Reste à savoir si votre esprit sera disposé à écouter les charitables remontrances que l'on vous fera ; il est à craindre que non, car les passions parlent bien haut dans une jeune imagination et il n'y a plus de place dans ce cœur inexpérimenté que pour les parties de plaisir, le besoin de fixer l'attention des jeunes personnes qui bien souvent sont elles-mêmes animées des mêmes passions.

La Religion est alors méprisée, bonnie même ; et si un prêtre, à ces heures nécessaires, venait nous parler le langage dont il est l'interprète, nous n'aurions pas assez de blasphêmes, pas assez d'impiétés, de sarcasmes à lui jeter à la face. Quant aux plus modérés, à ceux par exemple, qui regardent le prêtre comme un agent salarié faisant un métier, ou occupant une fonction, dans la

hiérarchie ecclésiastique, comme je l'ai entendu si souvent dans la bouche des jeunes
gens du meilleur ton, ceux là se contenteraient
de hausser les épaules en disant : Oh ! Monsieur l'abbé, il faut bien que jeunesse se
passe. — Oui, il faut bien que jeunesse se
passe, et quand elle est passée, le pli est pris
et pour ne pas déranger ses chères habitudes, pour ne pas contrarier ses chères in-
clinations, l'on tient un autre langage, et l'on
se dit : Je me suis passé de religion jusqu'à
présent, et je ne m'en porte pas plus mal
pour cela » — et ainsi de suite. De là, l'in-
différence religieuse, l'oubli de ses devoirs,
une petite chute d'abord, puis une plus
grande, puis une mauvaise action, puis plusieurs et ainsi graduellement jusqu où il
plaira à Dieu de vous arrêter par une manifestation quelconque de sa volonté.

Puisse mon exemple vous arrêter à temps
et vous donner la conviction que, si étourdis,
si dissipés, si débauchés que vous soyez, ce
ne sera jamais dans la réalisation de vos dé-
sirs effrénés, dans la satisfaction de toutes les
jouissances à votre portée, que vous trouverez le bonheur. Je l'ai cherché pendant vingt
ans et je n'ai jamais trouvé que vide et néant.
Le bonheur n'est possible sur terre (bonheur
relatif, bien entendu) que dans la paix du
cœur. La paix du cœur, le calme de la cons-
cience ne sont accordés qu'à ceux qui les
cherchent dans la pratique de la Religion. En
voulez-vous une preuve palpable, saisissante,
je vais vous la donner. Depuis que je par-
cours ma misérable carrière, j'ai eu de temps
en temps quelques bons moments, j'ai éprou-
vé des satisfactions plus ou moins vives, j'ai
été plus ou moins content de me sentir vivre,

mais, la jouissance passée, les fumées du vin
dissipées, l'ivresse du plaisir disparue, la
réaction s'opérait et je retombais dans un
état encore pire qu'auparavant; mon cœur
bondissait dans ma poitrine au moindre retour que je faisais sur moi-même, les regrets
m'accablaient, les remords me tourmentaient,
et néanmoins je m'obstinais toujours dans
mon aveuglement, à chercher le bonheur là où
je savais pertinemment ne pas le trouver.
Aujourd'hui, sur le point de subir la ter-
rible expiation de mon forfait, près de ré-
pandre mon sang sur l'échafaud dont je crois
déjà voir, du fond de mon cachot la lugubre
silhouette, je suis plus heureux et plus calme
sous le poids de mes chaînes, que je ne l'ai
été dans les meilleurs moments de ma vie orageuse. Pourquoi ? parce que j'ai déposé mon
lourd bagage dans le sein d'un prêtre, j'ai débarrassé mes épaules du fardeau qui m'écra-
sait, j'ai appelé à mon aide Celui qui est la
force des faibles, j'ai eu recours à Celle dont
l'assistance n'a jamais été implorée en vain,
et j'ai fait appel à ma Foi. vous le dirai-je?
Depuis que je me suis confessé, depuis que
l'espoir est rentré dans mon cœur, depuis
que les consolantes paroles de mon confesseur
sont venues faire renaître en mon âme la
ferme confiance que Dieu me tiendra compte
de toutes les angoisses, de toutes les souffrances que j'endure dans ma prison et surtout du
sacrifice de ma vie que je lui offre en expiation de mon passé criminel, je me sens tellement changé que je refuserais nettement de
recommencer ma vie d'autrefois, ma grâce
fût-elle à ce prix.

Vous tous, jeunes débauchés qui lisez ces
lignes, croyez-en la parole d'un mourant:

j'ai commencé comme vous par n'être qu'un
libertin, mais de chute en chute, je suis devenu assassin. Rompez avec vos habitudes,
essayez du remède, recourez à Dieu et là
seulement, vous trouverez le bonheur que
comme moi, vous cherchiez vainement ailleurs.

II.

Ma jeunesse s'est écoulée sous l'aile de mes
parents. Guidé et conseillé par eux, je m'en
suis toujours bien trouvé, parce que, malgré
les révoltes de mon ardente nature, je comprenais que je devais écouter leurs avis. Il ne
faut jamais s'affranchir volontairement de la
tutelle, ou de la surveillance de ses parents.
Il ne faut pas s'en rapporter à ses propres lu-
mières, mais aux conseils et à l'expérience
de ceux qui ont mission de vous conduire
dans la bonne voie.

Un père, une mère sont les premiers inté-
ressés au bonheur de leurs enfants ; et ceux
qui, par orgueil, par vanité, par paresse,
par confiance dans leurs propres forces ou
par toute autre cause veulent se soustraire à
leur direction avant le terme fixé par la
Providence, ceux-là tomberont infailible-
ment, car il est certain qu'on ne peut avoir
l'expérience nécessaire pour se conduire seul
dans le tourbillon du monde, à n'importe
quel degré de l'échelle sociale où l'on se
trouve placé. Il faut un appui au faible reje-
ton et celui-là est d'avance frappé d'impuis-
sance et plus souvent voué au mal, qui pré-
tend pouvoir s'en passer.

J'en ai fait la triste expérience et je puis
vous en parler avec connaissance de cause.

C'était en 1857 ; mon père étant alors

Lieutenant des douanes à Wormhoudt entretenait des relations amicales avec Monsieur ***, chef de gare à *** Celui-ci déjà avancé en âge, n'ayant pas d'enfants, me témoignait beaucoup d'affection, et désirait vivement me prendre avec lui pour l'aider dans ses modestes fonctions. Mon père consentit enfin à accepter ses propositions, mais à la condition que je continuerais à habiter la maison paternelle distante de deux lieux seulement de celle de son ami. Un omnibus qui desservait les deux localités aplanit toute difficulté. Enchanté de ce changement, je me croyais déjà un personnage parce que, à l'âge où beaucoup d'autres se dépitaient encore sur les bancs de l'école, on m'avait installé avec force encouragements en qualité de surnuméraire dans la Compagnie du chemin de fer du Nord.

A peine en possession de mon emploi, mon père fut appelé à un grade supérieur et envoyé comme capitaine à Templeuve, près Lille. Avant de se rendre à sa nouvelle destination, il convint de divers arrangements avec celui de qui j'allais désormais complètement dépendre, et me voilà enfin affranchi de toute tutelle et ne relevant que de ma propre volonté, car j'avais déjà pu apprécier l'insouciance de mon nouveau Mentor.

Alors, maître de mes actions, je pus donner suite à un projet que je nourrissais en secret et dès la première soirée dont je pus disposer, je courus annoncer à une jeune fille de Wormhoudt que j'étais désormais libre comme un oiseau échappé de sa cage, et que je viendrais la voir tous les soirs.

Cette liaison, qui datait déjà de plusieurs années, prit dès lors un caractère plus pas-

sionné ; elle devint même une véritable
frénésie, malgré les difficultés qui nous furent suscitées par les parents de la demoi-
selle trop haut placée pour moi, et nous entraîna l'un et l'autre à faire, pour nous rap-
procher, d'inconcevables folies

Jusque là, cette irrégulière conduite n'était
que la conséquence de mon isolement et de
mon ardent tempérament, mais il est déjà facile de prévoir que la première chute n'est
pas éloignée, puisque le premier usage que je
fais de ma liberté, c'est de mettre le trouble
et la désolation dans une famille, pour laquelle je fus, un peu plus tard, une occasion
de mille désagréments.

Déja porté naturellemena à une certaine
exaltation ; la tête farcie d'une foule d'his-
toires romanesques, je trouvais amusant de
braver en face l'autorité des parents de ma
petite amie et, fort de l'amour que je lui ins-
pirais, je l'obligeais à se parer vis-à-vis d'eux
et malgré eux, des petites bagatelles que je
m'étais d'abord procurées avec l'argent que
mon père me remettait chaque mois. Mais
bientôt cette ressource ne me suffisant plus, il
me vint la maudite inspiration de fouiller les
malles des voyageurs, de visiter les caisses
de marchandises qui passaient continuellement à la station et, aussitôt cette idée con-
çue, les moyens de la mettre à exécution
furent bientôt trouvés. Me voilà donc fouillant
et pillant, si bien qu'un beau jour on me jeta
en prison.

Dès la première nouvelle de mon arrestation, mon père se mit au lit, terrassé par la
honte de voir souiller son nom d'une façon
aussi soudaine qu'inattendue ; et, lorsqu'il
eût la certitude que son déshonneur était

consommé par son propre fils, son fils sur
lequel il fondait les plus belles espérances, il
ne put y résister et mourut trois jours après,
laissant sans aucune ressource, ma mère et
ses enfants.

III.

Cette perversité précoce dont je viens de
parler et qui eut, dès le début de ma vie, un
premier et si funeste résultat n'était cependant pas dans ma nature, mais elle m'avait
été inculquée par les pernicieuses lectures
dont le venin se distillait petit à petit dans
mon cœur et contre lesquels je ne saurais
trop vous mettre en garde.

Malgré la volonté de mes parents qui m'ont
saisi et brûlé je ne sais combien de livres immoraux ou irréligieux, je m'en repaissais
continuellement, et j'éprouvais un irrésistible
besoin de marcher sur les traces de ces hideux héros de roman que je croyais alors les
coryphées de l'élégance et de la distinction.

Je faisais, pour me procurer ces ouvrages,
d'incroyables efforts d'imagination, et lorsque j'y étais parvenu par n'importe quel
moyen, je me glorifiais d'avoir su dépister la
vigilance de mes parents. Combien de fois ne
me suis-je pas enfermé dans une chambre en
tête à tête avec Voltaire, Rousseau, Eug. Sue,
Alexandre Dumas, Paul Féval (1) ou tout autre roman aussi irréligieux et aussi pernicieux
que ceux que je viens de citer. Alors il n'y

____

(1) M. Paul Féval éprouvera sans doute quelque douleur en lisant ces lignes; mais elles ne
pourront que le confirmer dans la résolution qu'il
a prise de ne plus écrire à l'avenir que des
œuvres morales.

avait pas de félicité comparable à celle que j'éprouvais.

Combien de fois n'ai-je pas négligé mes leçons? combien de jours entiers n'ai je pas perdus, étendu sous un arbre dans un verger, savourant le bonheur de faire l'école buissonnière, en dévorant ces pages brûlantes et empoisonnées où les intrigues amoureuses, les graveleuses obscénités, les controverses religieuses, les systèmes erronés des phalanstériens, les divagations enthousiastes d'un songe creux où les élucubrations fiévreuses de quelque cerveau fêlé, me paraissaient le *nec plus ultrà* de l'intelligence humaine.

C'est surtout maintenant que je reconnais combien tout cela est vide de sens, que touces belles théories ne sont que vent et fumée, et qu'il n'y a de vrai, de durable que la Religion chrétienne et les préceptes qu'elle enseigne.

Mon père aussi connaissait le danger des mauvaises lectures, lui dont l'existence tout entière n'a été qu'une suite de longs et loyaux services, lorsqu'il me disait, en me retirant des mains un volume intitulé : *Le Chevalier de Faublas*, « Quant à celui-là, sa place est dans un égoût.

Oh ! je sais très-bien que c'est un désir effréné chez tous les jeunes gens de chercher à connaître le monde, de vouloir sonder l'avenir, d'acquérir une expérience prématurée, il faut à tout prix satisfaire sa curiosité ; l'imagination, toujours en éveil, veut jouir de toutes ces lectures dont on entend si souvent parler, on veut se rendre compte de ce qui se passe en dehors de notre cercle intime de la famille, de l'école, du village, de l'église, et l'on croit que c'est dans les romans qu'on doit trouver la description de la vie réelle.

Hélas ! mes amis, tout ce qu'il y a dans les romans n'a jamais existé que dans l'imagination de ceux qui les font, et ce que l'on y raconte est aussi éloigné de la vérité que les romanciers le sont de cette satisfaction et de cette quiétude qui accompagnent partout l'honnête homme, remplissant dans sa sphère ses devoirs de citoyen et de père de famille.

Voilà le premier écueil contre lequel je suis allé une première fois briser mon avenir et là aussi iront se briser à leur tour tous ceux qui, comme moi prendront goût à ces séduisantes mais détestables lectures. Elles ne servent qu'à fausser l'imagination, à donner de la vie, des idées erronées, à faire naître dans l'esprit d'irréalisables projets et finalement à vous jeter dans un labyrinthe où vous serez forcé de reconnaître que la seule voie à suivre, c'est celle que vous a montré votre curé. Mais alors, lorsque vous reconnaîtrez votre erreur, lorsque vous serez convaincus que vous vous êtes fourvoyès, il sera trop tard, et vous direz alors comme je me le dis, moi, bien souvent maintenant : Oh ! si j'avais à recommencer !

Je vous en conjure, s'il en est temps encore, écoutez-moi, je vous parle sincèrement. Jeunes gens, restez avec vos parents aussi longtemps que vous pourrez, ne négligez jamais vos devoirs religieux ; devenus hommes, faites vos quelques années de service militaire en vous conduisant toujours bien ; lorsque vous rentrerez chez vous, exercez le métier de votre père ou le métier qu'on vous a appris ; si vous vous mariez, élevez vos enfants chrétiennement, remplissez vos devoirs de père et de citoyen et par-dessus tout *évi-*

*tez les mauvaises lectures et les amis vi-
cieux.*

IV.

Sorti de prison à 18 ans. je vins retrouver
ma mère à Lille, où elle était venue cacher sa
honte et sa misère : *sa honte*, par suite de
ma condamnation ; *sa misère*, par suite de
la mort de mon père, qui la laissait sans
moyen d'existence.

En attendant mon retour, elle avait dû se
dessaisir d'une grande partie de ses meu-
bles pour acquitter quelques dettes et subve-
nir à ses plus pressants besoins. Elle me reçut à bras ouverts, malgré mon indignité, et
me fit oublier, à force de tendresse, de pardon et d'amour, la mauvaise année que je ve-
nais de passer, tant il est vrai que le cœur
d'une mère est un mystère incompréhensible
pour toute autre qu'elle.

Dominé par elle, je compris le rôle que j'a-
vais à remplir, étant devenu à dix-huit ans
chef de famille, puisque ma mère et mes deux
jeunes sœurs âgées alors de six et sept ans
avaient placé en moi toute leur espérance.

Cette nouvelle perspective ne fit qu'aviver
la vanité qui formait un des traits saillants de
mon caractère, et je me sentis fier de ma situation. Fierté légitime, celle-là, puisqu'elle
avait sa source dans un impérieux devoir !

Nous habitions alors Wazemmes ; j'avais
repris les douces habitudes de la vie de famille ; nous fréquentions l'église Saint-Pierre-
Saint-Paul ; nous passions nos dimanches à
nous récréer ensemble, et la semaine, ma
mère, aidée par ses filles à son travail de
lingerie, et moi, dans le bureau d'un négo-

ciant chez qui, en raison de mon âge et de mes charges de famille, j'étais parvenu à me placer ; nous arrivions ainsi, en réunissant nos efforts, à faire rentrer l'aisance dans notre foyer.

Remis par ces circonstances, sous l'influence salutaire de la famille, respirant une atmosphère de paix et d'amour, j'étais, à ma grande satisfaction, heureusement rentré dans la voie droite, et j'avais au bout de deux années, tout-à-fait oublié mes premiers errements en jouissant du bonheur de rendre tout mon monde heureux autour de moi.

Mais un nouvel orage se préparait, et je devais succomber encore une fois, non plus par suite des lectures pernicieuses puisque j'y avais renoncé depuis longtemps, mais parce que je rencontrai sur ma route une pierre d'achoppement sous la forme d'un compagnon de bureau débauché, hypocrite, menteur et fourbe, qui, sous les plus séduisantes apparences et sous le masque d'un jeune homme bien élevé, cachait le caractère le plus vil et le cœur le plus corrompu.

A l'époque où je fis sa connaissance, il avait vingt-cinq ans et venait d'entrer dans le bureau en remplacement d'un de mes collègues, rangé et honnête, qui venait d'être appelé au service militaire. Je ne sais pourquoi, le nouveau venu jeta les yeux plutôt sur moi que sur un autre, mais ce qu'il y a de certain c'est qu'il exerça bientôt sur moi une influence considérable et je fus, de sa part, l'objet de toute sorte de prévenances. Un mois après son arrivée au bureau, j'étais complètement maîtrisé par lui, et cet homme, par l'ascendant qu'il exerçait sur moi, son brillant langage, ses dehors élégants et l'expérience du monde que je lui supposais en sa qualité d'ex-sergent-major, me paraissait le type achevé de l'homme comme il faut. Il avait de nombreuses relations en ville ; nos soirées leur furent dès lors consacrées, et pas un jour ne se passa sans que je ne devinsse de nouveau pour ma mère la cause de nouveaux chagrins et l'objet de continuelles alarmes.

Elle connaissait l'exaltation de mon esprit ; elle savait combien j'étais impressionnable, et bientôt elle acquit la douloureuse conviction que j'avais contracté une de ces liaisons qui ne peuvent avoir que de déplorables résultats.

Ni les remontrances, ni les avertissements, ni les conseils, ni les larmes, rien n'y fit, et je me livrai à ma nouvelle amitié avec une ardeur d'autant plus vive qu'elle avait été plus longtemps comprimée par la crainte de déplaire à ma mère et par le sentiment du devoir.

Bientôt les désordres commencèrent : la fougue de mon caractère reprit le dessus ; mes absences multipliées provoquèrent des reproches ; le mépris que je faisais des paternelles remontrances de mon patron, lassa enfin sa patience et le mit dans la nécessité, malgré la haute estime qu'il professait pour ma mère, de me congédier avec celui qui m'avait si odieusement lancé dans la débauche.

Pour me soustraire à la vue de la désolation où mon inconduite plongeait ma famille, je quittai la maison où j'avais passé de si heureuses journées, et, joignant l'ingratitude à la folie, sans m'inquiéter de ce que deviendraient ma pauvre vieille mère et mes sœurs j'allais m'installer dans un garni où je me vis de rechef livré à moi-même, maître de mes actions et disposé à me livrer sans frein à toutes les passions qui m'envahissaient à la fois.

Tous ces symptômes annonçaient évidemment une nouvelle chûte. A trois mois de là, à la suite d'un vol que j'avais commis pour fournir au luxe d'une fille, dans les rêts de laquelle j'étais empêtré, une nouvelle condamnation, d'un an cette fois, vint s'ajouter à la première et entraîna une irréparable catastrophe.

Ma mère alla mourir de chagrin dans un hôpital et mes sœurs, abandonnées sur la voie publique furent recueillies, heureusement pour elles, par un établissement de charité.

Voilà encore une fois les résultats désastreux de l'abandon des pratiques religieuses, de l'influence d'un compagnon débauché, de la faiblesse de la volonté, et du désir inconsidéré de renoncer à la direction d'une mère pour suivre des penchants déréglés.

V.

Libéré en 1861, sachant que je n'avais désormais plus à m'inquiéter de mes charges de famille, mes débordements n'eurent plus de bornes : vols sur vol, débauche effrénée, scandales sur scandales, abandon total de toute retenue, oubli complet de toute pratique religieuse, ce qui d'ailleurs, eût été incompatible avec mon genre de vie, je ne vécus dès ce moment que pour la seule satisfaction des plaisirs sensuels.

Après m'être fait exempter du service et

débarrassé de ce souci-là, je me plaçai successivement dans différentes maisons de Lille et de Bruxelles, où je parvins toujours soit à cacher mes vols, soit à me soustraire aux recherches lorsqu'ils étaient découverts, jusqu'au moment où enfin, a force d'audace et d'imprudence je me fis arrêter chez un patron qee j'avais lésé durant l'espace de quelques mois de plus de dix mille francs en marchandises qne je revenda's à moitié prix pour satisfaire aux exigences toujours croissantes de ma fièvreuse existence.

Réfugié à Paris après m'être évadé de Lille, et arrêté de nouveau, je fis condamné à six années de prison que j'allai expier à la maison centrale de Loos, au Pénitencier agricole de Casabianca (Corse), et à la maison centrale de Nîmes (Gard) ou j'avais été transféré en dernier lieu pour y terminer ma peine.

Pendant mon long séjour dans ces différentes prisons où je n'avais acquis que des notions de plus en plus perverses, car ce n'est pas en pareil lieu que l'on peut prétendre revenir au bien, en eût-on d'ailleurs la volonté, j'avais fait de nombreuses connaissances, qui toutes s'accordaient à dire qu'il est matériellement impossible à tout homme qui a été en prison de reprendre l'existence paisible de sa jeunesse.

J'avais moi, de bonnes raisons de prétendre le contraire puisque je m'étais trouvé dans ce cas ; j'aurais pu leur dire que sous l'influence combinée de la famille, des principes religieux et d'un caractère ferme, on peut revenir au bien, mais j'aurais été seul de cet avis et d'ailleurs il n'y en a pas je crois un sur cent qui réunisse les trois conditions que je viens de mentionner.

D'un autre côté, moi qui les ai trouvées réunies, ces trois conditions, j'ai néanmoins suivi la règle générale que tout condamné libéré est fatalement voué à la récidive et devient à perpétuité un déclassé, chassé de toute part, par les gens honnêtes.

Bref, libéré encore une fois vers la fin de 1869 et envoyé en résidence obligée à Montpellier (Hérault) pour y subir la surveillance de la police pendant cinq années encore je ne pus me résoudre à cette continuelle sujétion. Avec la soif de liberté qui me dévorait je voulus bientôt m'affranchir du joug écrasant de la surveillance de la haute police. Elle est plus pénible cent fois que l'emprisonnement lui-même, puisqu'il faut se soumettre à une surveillance inquisitoriale de tous les instants, puisqu'il faut s'attendre à être jeté à la porte de tous les ateliers, usines ou établissements quelconques où vous parvenez à voué placer, et cela sur une dénonciation de la police ; puisqu'enfin il faut se résigner à se laisser traîner en prison chaque fois qu'un vol se commet par un auteur inconnu. Dans ce cas là, l'autorité fait ramasser les surveillés les plus suspects et, sans autre forme de procès, les maintient en état d'arrestation jusqu'à justification complète

Réunissant mes dernières ressources au sortir d'une de ces prises de corps, j'avais juste de quoi payer mon voyage pour Lille en Flandre, où en arrivant j'allai me fourrer entre les mains d'un soi-disant ami qui, libéré bien longtemps avant moi, avait eu le loisir de s'arranger une existence dont je ne comprenais pas tout d'abord les ressorts cachés, mais qui me révolta lorsque je sus comment il vivait et aux dépens de qui il vivait.

C'est surtout ici, lecteurs, que j'ai besoin de toute votre indulgence ; autant que possible je ménagerai votre délicatesse afin de ne pas effaroucher ceux d'entre vous qui n'ont jamais entendu parler de ces industries immorales et honteuses qui cependant pullulent dans toutes les grandes villes.

Puisque j'ai pris le parti de vous faire voir jusqu'à quelle bassesse ignoble, jusqu'à quelle dégoûtante dégradation un homme qui abandonne Dieu peut descendre, je vais vous dévoiler rapidement quelques turpitudes humaines et nous jetterons le rideau sur des scènes qui ne peuvent que soulever le cœur d'horreur et d'indignation.

Puisse mon exemple vous éloigner à jamais de l'inconduite et vous inspirer de meilleurs sentiments si vous avez eu le malheur de vous égarer à la recherche d'un idéal qui n'existe pas.

VI.

Arrivé à l'adresse qui m'avait été indiquée, mon ami était absent. Je fus reçu par une jeune personne de l'abord le plus agréable qui me fit l'accueil le plus aimable, en attendant, dit-elle, le retour de son mari.

— « J'ignorais que tu fusses marié, dis-je à mon ami, lorsqu'il rentra, quelques instants après ».

— « Certainement que je suis marié, et j'espère bien que tu vas bientôt l'être aussi », me répondit-il.

Cette apostrophe m'abasourdit tout d'abord, et tout en me félicitant d'être tombé en si bonnes mains, chez des gens si aimables, je me promis bien *in petto* de ne pas abonder dans le sens des idées matrimoniales de mon ami.

Le soir arriva et nous allâmes ensemble dans un cabaret voisin (1) ....

Je ne compris que trop alors dans quel bas-fond j'étais encore une fois allé me précipiter.

Mon ami vivait aux crochets d'une femme et et j'étais allé me livrer à lui pieds et poings liés.

Que pouvais-je faire ?

En rupture de ban, sous le coup d'une nouvelle condamnation pour ce fait, car quitter sa résidence obligée est un délit tombant sous l'application d'une loi pénale ; sans argent, sans papiers, sans vêtements, sans asile et à la discrétion d'un homme sans vergogne qui, en me dénonçant, pouvait me faire jeter en prison, je me décidai à son hideux genre de vie.

Est-ce assez de fange ? Est-il possible de descendre plus bas ? Y a-t-il une situation plus vile, plus dégradante que celle-là ? Non, n'est ce pas ? Et cependant, je m'y suis trouvé ; j'étais là ; et je ne suis pas mort de honte.

Je dois cependant me hâter de vous dire que je m'empressai de saisir avec empressement la première occasion qui se présenta à moi de quitter ce bourbier.

Sans m'appesantir sur ce point, vous admettrez facilement que ce genre de vie ne convenait ni à mes goûts, ni à mes idées et que le milieu infect, dans lequel je me trouvais là ne m'offrait que de fréquentes occasions de manifester mon mépris et mon dégoût.

Parmi les autres individus qui, comme moi, pataugeaient dans cette boue, il s'en trouva un avec lequel je me liai plus particulièrement. Celui-

---

(1) Nous sommes obligés ici de remplacer par des points la description trop fidèle de ce cabaret, tellement les obscénités qui s'y disaient et s'y commettaient par des femmes sans pudeur et sans honte sont de nature à contrister un cœur encore tant soit peu honnête.

là me fit faire la connaissance d'un autre indus-
triel dont l'occupation spéciale était de dévaliser
les poches de tous ceux qui lui en fournissaient
l'occasion. A nous trois. nous formâmes une
digne association, et, dès le lendemain, nous
nous rendîmes au café Bellevue où un vol de
plus de dix mille francs au préjudice d'un hono-
rable négociant de Cambrai, de passage à Lille,
me mit à la tête d'une somme de trois mille
cinq cents francs pour ma part.

Je ne veux certainement pas me faire meilleur
que je ne suis; cependant je puis vous assurer
que je fus saisi d'une immense joie parce que cet.
argent me mettait dans la possibilité de quitter
le lieu où je croupissais malgré moi, et de prendre
immédiatement mon essor vers Bruxelles.

Cette fois encore j'aurais pu, à l'aide de cet
argent, quoiqu'il provînt d'une source illégitime,
me tirer d'embarras et me créer, telle quelle,
une petite position à l'étranger où je me croyais.
à l'abri ce tout danger, j'avais même déjà ma
nœuvré en ce sens, mais j'avais compté sans mon
hôte, c'est-à-dire. sans celui qui m'avait recueilli
en arrivant à Lille et qui avait profité de ma situation exceptionnelle pour me faire adopter sa
manière de vivre Ayant eu connaissance du vol
qui venait d'être commis et remarquant que ce
vol coïncidait avec ma subite disparition, il en
avait conclu que je devais en être ou l'auteur ou
le complice.

Bâtissant son plan de campagne sur cette hypo-
thèse, il parvint, à force de recherches et de dé-
marches, à découvrir le lieu de ma retraite. A
l'aide de menées dont le récit ne peut que médio-
crement vous intéresser, il m'attira à Lille sous un
spécieux prétexte et pour se venger de mon re-
fus de partager avec lui ma part du vol auquel il
était resté complètement étranger il me déposa
pour ainsi dire lui-même entre les mains de la
police.

Vous pensez bien que mon affaire fut bientôt
réglée et une condamnation à cinq ans de prison
et dix années de surveillance vint grossir le dos-

sier que je possédais dans les archives des tribu-
naux.

VII

Me voilà de nouveau jeté dans une prison, fu-
rieux de mon nouvel échec et éloigné plus que
jamais du retour à une meilleure vie. Au lieu de
songer sérieusement à m'amender, je me plon-
geai à corps perdu dans les projets les plus
excentriques, et pendant les cinq années de ma
détention je ne visai qu'au moyen d'arriver rapidement à une fortune qui me mît à même d'aller
en Amérique jouir du produit de mon vol en ex-
pectative.

Croyez-vous que quelquefois, il ne me vint pas
à la pensée d'aller tout simplement, à ma libéra-
tion, demander du travail dans un établissement
quelconque et d'adopter une marche diamétrale-
ment opposée à celle que j'avais suivi jusque-là ?

Tranquillisez-vous ; je n'étais pas tellement
gangrené que je n'eusse souvent dans mes moments de calme, de ces pensées réconfortantes qui
me faisaient entrevoir la vie sous un nouvel as-
pect.

Certes oui, j'ai essuyé souvent de ces combats,
mais l'esprit du mal reprenait toujours la dessus,
car que peut l'homme le mieux intentionné s'il
n'est soutenu par le secours d'en haut et ce n'était
assurément pas dans les dispositions d'esprit où
je me trouvais continuellement que je pouvais attirer sur moi un regard de Dieu et l'effet de sa
grâce.

Ce qui devait arriver, arriva !

Poussé par ma destinée, j'avais fait, pendant
mon séjour en prison, la connaissance d'un homme dont je ne connaissais pas les appétits sangui-
naires qu'il avait d'ailleurs bien soin de dissimu-
ler.

Ses idées, relativement au désir de faire fortune, était au diapason des miennes, je contrac-
tai une liaison qui n'aurait eu aucune raison
d'être si elle n'avait pas eu sa source dans l'envie commune de s'enrichir.

Libre encore une fois, j'allai le rejoindre à Amiens où il m'avait précédé de dix-huit mois et là, la tête encore toute bourrée de nos projets désordonnés de rouler sur l'or, nous nous mîmes en mesure de commencer nos opérations que dans mon aveuglément je croyais devoir être couronnées d'un plein succès. Mais j'avais oublié que

> Celui qui met un frein à la fureur des flots
> Sait aussi des méchants arrêter les complots,

et j'ai eu depuis l'occasion de me convaincre une fois de plus que c'est là une vérité éternelle et que l'homme assez insensé pour former des projets qui n'ont pas le bien pour base ou pour but doit trouver la déception.

Une maison recélant des monceaux d'or nous avait été indiquée en Belgique.

Un million et plus gisait là, nous disait-on dans un secrétaire, à l'extrémité d'un village et sous la garde d'un vieillard facile à intimider.

Le miroitement fascinateur d'une pareille somme ; la facilité de s'en emparer ; la situation du village en pays étranger ; la certitude de l'impunité ; une brillante perspective de bonheurs et de jouissances ; tout enfin s'est réuni pour nous donner le vertige.

Devant une résistance à laquelle nous ne nous attendions pas de la part de deux vieillards, un double crime fut commis.............................

VIII

Une année s'est écoulée !!............ Année de souffrances, de misères, de luttes, de tortures morales, de désespoir, de regrets et finalement d'expiation.

La mort se dresse devant moi, effrayante, implacable, ignominieuse et je vais mourir à trente-sept ans, en emportant cette déchirante pensée que les membres de ma famille qui restent après moi recevront les éclaboussures de l'échafaud et seront vouées à l'anathême qui en est l'inévitable et perpétuelle conséquence.

Ah ! combien je serais misérable si j'étais resté dans mon endurcissement, et combien j'éprouve de consolations en songeant que malgré ma vie si orageuse, si criminelle, je puis quand même espérer trouver grâce auprès de Dieu, puisqu'il a dit qu'il y aura plus de joie au Ciel pour un pêcheur converti que pour quatre-vingt-dix-neuf justes.

Je vous vois sourire, lecteurs, et vous faites mentalement cette réflexion que si celui-là, Aublin, va au Ciel, il y en aura bien d'autres.

A cela j'ai à vous répondre :

» Un père avait deux fils ; le plus jeune animé
» des passions du siècle, se fit remettre sa part
» d'héritage et partit. Au bout de plusieurs an-
» nées, réduit par son inconduite à la plus abjecte
» misère, il revint se jeter dans les bras de son
» père qui, à l'occasion de son retour fit tuer le
» veau gras. Cette manifestation joyeuse ayant
» donné lieu à des observations de la part du
» fils aîné, le père lui répondit : « Qu'ai-je besoin
» de fêter votre retour, à vous, puisque vous ne
» m'avez pas quitté? Tandis que lui, votre frère,
» il était perdn, et le voilà retrouvée, il était
» mort et le voilà ressuscité, Nous avons donc
» les meilleurs motifs de nous réjouir et de louer
» Dieu »

Vous connaissez depuis l'enfance cette belle parabole qu'on nous a apprise à tous, car tous, nous sommes tous chrétiens, et vous conviendrez avec moi que c'est ici le cas où jamais d'en faire l'application.

Tout cela ne fait que confirmer ce que j'ai déjà dit, c'est que de quelque côté que nous tournions nos regards, quels que soient le nombre et la gravité de nos fautes, nous ne pouvons recevoir de consolations que du Ciel et quelque soit notre degré d'endurcissement ou d'impiété nous trouverons toujours dans la Religion les soulagements à nos misères, les adoucissements à nos douleurs et le baume souverain pour toutes nos plaies.

Ce que j'ai écrit, je l'ai écrit librement dans le seul dessein de réparer un peu, s'il est possible le mal que j'ai fait autour de moi. Aussi, si ces lignes ne sont pas de nature à faire dn bien, que personne ne lés connaisse !

C'est pour cela que je laisse Monsieur l'aumônier, à qui je confie ce manuscrit, libre d'en faire l'usage qu'il jugera convenable. J'espère que Dieu m'a fait miséricorde. Je meurs en demandant de nouveau pardon à Dieu et à la société de tout le mal que j'ai fait. Je prie les personnes qui ont été victimes de mes mauvais exemples et de mes crimes de me pardonner. Pour tout réparer, autant que cela est possible, J'offre à Dieu le sacrifice de ma vie et le prie de m'en tenir compte.

LÉONARD AUBLIN.

FIN.

1.054. — Douai. Imp. A. DURAMOU.

www.ingramcontent.com/pod-product-compliance
Lightning Source LLC
LaVergne TN
LVHW050317030726
842520LV00005B/1635